문학과지성 시인선 147

우리는 철새처럼 만났다

황인숙 시집

문학과지성사에서 펴낸 황인숙의 시집

새는 하늘을 자유롭게 풀어놓고(1988)
슬픔이 나를 깨운다(1990, 개정판 1994)
나의 침울한, 소중한 이여(1998)
자명한 산책(2003)
리스본행 야간열차(2007)
못다 한 사랑이 너무 많아서(2016)
내 삶의 예쁜 종아리(2022)

문학과지성 시인선 147
우리는 철새처럼 만났다

초판 1쇄 발행 1994년 12월 23일
초판 9쇄 발행 2025년 7월 25일

지 은 이 황인숙
펴 낸 이 이광호
펴 낸 곳 ㈜문학과지성사
등록번호 제1993-000098호
주   소 04034 서울 마포구 잔다리로7길 18(서교동 377-20)
전   화 02)338-7224
팩   스 02)323-4180(편집) 02)338-7221(영업)
전자우편 moonji@moonji.com
홈페이지 www.moonji.com

ⓒ 황인숙, 1994. Printed in Seoul, Korea

ISBN 89-320-0712-0 03810

이 책의 판권은 지은이와 ㈜문학과지성사에 있습니다.
양측의 서면 동의 없는 무단 전재 및 복제를 금합니다.

문학과지성 시인선 147
우리는 철새처럼 만났다

황인숙

1994

自 序

내 척박하고 황폐한 삶을 쟁기질하는
다시금 시를 쓰고
노래부르고 싶게 하는
나의 운명에게 깊은 감사와 입맞춤을 보
낸다

1994년 11월 30일
황 인 숙

우리는 철새처럼 만났다

차 례

▩ 自 序

서쪽 창에 의자를 놓고/11
미필적 고의/12
하, 추억치고는!/14
사랑의 구개/16
봄 날/18
!비!!!/20
삼 년 후에도?/21
서글프고 피로한/22
딸꾹거리다/25
눈은 마당에 깃드는 꿈/28
노 래/29
겨울밤/30
가을날 새벽/31
더 이상 세계가 없는/32
거대한 아가리/34
태양의 유혹/36
칼로 사과를 먹다/38
데이트/40
11월/41
어느 개인 가을날/42
무슨 중대한 망설임/44

산 책/46
겨울 우화/48
제 야/49
똑. 똑. 똑./50
늙은 건달 블루스/54
봄날의 사냥꾼/55
우리는 철새처럼 만났다/56
3월의 비/57
공 원/60
심연이 있는 눈/62
다리 위의 아가씨/63
삶의 시간을 길게 하는 슬픔/64
똑같은 꿈/66
밤이 왔다/67
휘황하다/68
세상의 모든 아침/70
혼선—바람 속의 침상/72
조 깅/74
추운 봄날/76
부푼 돛/78
봄이 쐬다/80
비/82
모든 꿈은 성적이다/84
生의 찬미/86
소 풍/88
나를 믿지 마세요/90

참 오래 된/91
가랑잎의 거리/92
진눈깨비 1/93
진눈깨비 2/94
빈 무덤 앞에서/95
가을비 내린다/96
봄눈 오는 밤/98
그러면 무엇이 허망을 전해줄까?/99
신비하지도 않고, 열쇠도 아닌/100
봄눈 온다/102
접시의 달/103
나 비/104
도시의 불빛/106
지붕 위에서/108
그들은 내 방에/110
미친 여름의 노래/112

▨ 해설·패인, 매인, 시인·정과리/114

서쪽 창에 의자를 놓고

나는 무엇을 보았고
    무엇을 그린 것일까?
이지러진
잠결의 낙서
모든 것의 바로 그것인
그림자.

미필적 고의

한 사내가 아침 햇발 아래서
웃음의 화살 겨눈다. (웃은 죄밖에)

매독이 무서워서 정을 못 주랴.
바람둥이들이 상대를 찾아나선다.

우편함에 광고 책자가 넘친다.
전화는 시도 때도 없이
이불 속 무덤 속 침범한다.

친구가 풍문의 화염병 던진다.
(우리끼리 애기지만)

그 전경이 한번
직격탄을 쏘아본다.

오늘도 신문은
어떻게 살의를 만드는지 무엇으로 피를 뿌리는지
도주로까지 일러준다.
그 아래, 월수 백만 원의 아르바이트 광고가 행진한다.

산모퉁이 길에서 트럭이
버스를 향해 돌진한다.

당직 의사는 밤참을 먹으러 자리를 뜬다.

변덕스런 봄밤,
그 집 이층 난간에서 고무나무
시퍼런 바람 맞는다.

(이게 시가 되는 건지, 안 되는 건지
"에라, 모르겠다!"
나도 달콤하게 눈을 감는다.)

하, 추억치고는!

어둠 상자 속
뿌옇게 빛 절은 필름으로 찍히는
돌아오는 길에
쪼그리고 앉았다.
용접 불꽃처럼 산성비, 뺨을 뚫는 길바닥도
잠시 머물면 체온이 고인다고
마음 한끝이 중얼거린다.
헛발질이야, 헛웃음.
무슨 짓을 해도 추억으로
인화되지 않지.

헛, 헛, 헛, 시간이
헛돌고 있다.
헛, 헛, 헛, 우리가
헛놀고 있다.
(헛것인 한에서의 '우리'여)

(너는 괜찮아?
난, 모르겠어.)
이게, 뭔가?

이글거리는, 멋들어진
스러짐이여, 끈질기게……

사랑의 구개

기억 없이도 그리움은 찾아오고
기억 없이도 목이 마르다.
풀들은 흙 묻은 얼굴을 털고
뭐라고 뭐라고 나무들은
햇볕 속에 잎을 토해내는데,
다시 봄이란다.

(그대여, 그토록 멀리 있으니
그 거리만큼의 바람으로
뺨을 식히며 토로하노라)

참 오랜만에 볼펜을 쥐고 눈을 감았다.
그만해도 피가 따뜻했다, 처음엔.
나의 척추, 나의 묵주, 나의,

나는 그 뾰족한 끝으로
차라리 심장을 후벼파고
뻗어버리고 싶었다,
햇볕 속에.

아, 다시 봄이라는데
갈라진 마음은 언청이라서
휘파람을 불 수 없다.

봄 날

'전화 받지 말 것'
이라고 쓴 딱지를 전화기에 붙여놓고
나는 부재중이었다.
나, 세상으로부터 멀리
떠나갔다 돌아왔을 때
오랜 잠에도 식지 않고 베개의 부드러움에 묻힌
턱뼈로만 존재했다.
어떤 소리도 분간되지 않고
그저 소리로만 공기를 끄적이고
눈을 떴는지 감았는지
마음은 풀리고 적막했다
적막하게 평화로웠다
나, 아득히 세상과 멀리.

닝닝닝 전화벨 울렸다.
닝닝닝 전화벨 끊이지 않고
닝닝닝 다 됐니?
넘실거렸다.
나는 꽉 눈을 감았다.
닝닝닝 꽃이 피고 닝닝닝 바람 불고

닝닝닝 닝닝닝 누군가
내 다섯 모가지를 친친 감았다.

아주 달아날 수 있을 것 같았다.

!비!!!

도시의 불룩한 유방인
빌딩과 빌딩 사이로
개울이 흐른다.
밤인 도시가
나체인 온 가슴을 벌리고
비를 맞는다.

쭉 뻗은
시체처럼
아무 사념 없이.

쌔앵쌩 부는 바람에
부는 대로 패이고
씻긴다.

삼 년 후에도?

삼 년 후에도 너의 방에는
누군가 떨군 립스틱, 젖은 성냥,
망가진 의치, 찢어진 사진,
철 지난 달력, 돌아온 소포.

삼 년 후에도 너의 방에는
깨어진 유리잔, 낡은 가스 레인지
무도한 그을음, 너무 달구어져 구멍이 난 냄비.
"왜 이리 미칠 것 같지?
껌이라도 씹고 싶어."
찬장 옆의 굴비들은 중얼거리고.

삼 년 후에도 너의 방에는
눈알 뽑힌 굴비, 곰팡이 뜬 눈물,
창밖엔 누르스름한 비
칭얼거리는 전화, 묵묵히.

서글프고 피로한

우리는 노래를 불렀다.
커다랗게 입을 벌리고
한껏 고개를 잦히고.
나무들이 웃으며 쓰러져왔다.

(우리 중 한 사람은 갈 곳이 없다)

나무들의 톡 쏘는 향기가 자욱한 공원.
우리의 왕초 달님이 미끄러져 들어왔다.
우리는 네 개의 달.
네 그루의 나무, 네 마리의 이리.
도시는 멀리 발 아래 잠들어 있었다.

(우리 중 한 사람은 갈 곳이 없다)

고향 땅이 여기서 얼마나 되나
희미한 옛사랑의 노래
기운을 북돋는 노래
돌아가며 부르고 입을 모아 부르고.
여름밤이었다.

하지만 여름밤이었다.
밤은 금방 조그매졌다.

우리들 여기에 발을 모으고
잠들어서는 안 될까?
밤의 나무들이 벌목되고 있다.
낮 내내 마를 풀들이
하루 치의 이슬을 거둔다.

(우리 중 한 사람은 갈 곳이 없다)

"한 밤을 보냈군."
"어디로 가세요?"
"모르는 게 좋아요."
"네, 그럼……"

담배를 눌러 끄고 그는
벗어놓은 구두를 찾아 신고
단단히 끈을 조여맨다.

태양빛 속에는
그를 쫓는 개들이 킁킁거린다.

우리 중 한 사람은 갈 곳이 없고
우리의 스커트는 너무 좁았다.

딸꾹거리다

1

아버지는 감자찌개의 돼지고기를 내 밥 위에 얹어주셨다.

제발, 아버지.

나는 그것을 씹지도 못하고 꿀꺽 삼켰다. 그러면 아버지는

얼른 또 하나를 얹어주셨다. 아버지, 제발.

비계가 달린 커다란 돼지고기가 내 얼굴을 하얗게 했다.

나는 싫다는 말도 하지 못하고

아버지는 물어보지도 않고 내 밥 위에

돼지고기를 얹어주시고.

아버지가 좋아하시던

함경도식 감자찌개 속의 돼지고기.

2

무슨 일인지는 잊어버렸는데

아버지가 밥상머리에서 나를 야단치셨다.

아버지는 눈치채지 못하셨겠지만

나는 화가 났다. 화가 나서 나는
커다랗게 밥을 떠서 꿀꺽,
씹지도 않고 삼켰다.
이것까지야 참견 못 하겠지요.
나는 체해버릴 거야, 체하고야 말 거야. 그러면 그것은
아버지가 자기의 딸을
체하게 만든 거야. 암! 암!

목이 메도록 삼킨 밥.
웬일인지 그날 밤은 체해지지 않았다.

3

왜 이렇게 기분이,

양치질을 하다 말고
수챗구멍을 들여다보며

치약 거품을 흘리며

이게 꿈이 아닐까

꿈이라면 깨고 싶다
간절히 원하자
깨어난다, 깨어난다
흔들흔들 깨어난다,

딸꾹!

                           4
내가 삶에 체했나보다.
삶이 내게 체했나보다.

아, 되게
철철 피 흘리며
벼락이라도 맞고 싶은,

눈은 마당에 깃드는 꿈

눈이 온다
먼 북국 하늘로부터
잠든 마당을 다독이면서

단풍나무 꼭대기에서 갸우뚱거리던 눈송이가
살풋이 내려앉는다
살풋살풋 둥그렇게
마당이 부푼다
둥그렇게, 둥그렇게

눈은 마당에 깃드는 꿈
마당은 커다란 새가 됐다
그리고 단풍나무 꼭대기에서
작은 새가 내려앉는다

저 죽지에
뺨을 대고 싶다
하지만 어떻게 그의 잠을 깨우지 않고?

노 래

커다랗게
커다랗게, 커어다랗게!

내 파도치는 입술 위의
돛단배

저 깊숙이
이지러진 동굴 휘돌아
치솟아 파도치는
내 입술의
돛단배

멀리 아주 머얼리
나를 부리러 가네

겨울밤

젖은 눈 얼음 비 길에 내린다
길 아닌 곳에도 내린다

오, 제기랄, 하느님!
탄식하며 야간 근무자는 부은 눈을 비벼 뜨고
그의 아내는 혼곤히 그를 배웅한다.

젖은 눈 얼음 비 가로등에 엉기고
담벼락에 엉기고 계단곁에 엉긴다

모든 문들을 흔들어 잠그면서
모든 길들을 따라가 지우면서
젖은 눈 얼음 비 밤길을 간다

어느 집에선가 누가 태어난다
아랑곳없이.

가을날 새벽

가을날 새벽
말간 유리창에 맺힌
물방울 같은 별들
쭉 훑어낸
손가락 시리다

가을날 새벽
서른댓 개의 층층계
뚜벅뚜벅 짚어
깡총깡총 뛰어
내 몸 속에
층층계
발끝 시리다

참은 숨 물밀리듯
얼굴 시리다
가을날 새벽

흠뻑 울음 운
젖은 눈들의 숲
새들이 길을 흔든다.

더 이상 세계가 없는

우유를 마시다가 잔에 금이 간 것을 본다

이걸 버릴 수 있겠군
이젠 버릴 수 있어
가차없이

우유잔을 치워버리니
내 방이 그 잔만큼 더
넓어진다

도발되어 나는
책상 서랍을 뒤집는다
옷장을, 화장대를 뒤집는다
샅샅이
그들은 떨고 있다
자신에 금이 갔는지 안 갔는지
알 바 없고 알지 못하면서

더 이상 볼펜이 아닌 볼펜
더 이상 달력이 아닌 달력

더 이상 편지가 아닌 편지
더 이상 건전지가 아닌 건전지

더 이상 메모가 아닌 메모

더 이상 향기가 아닌 향기를 풍기며
병 속의 꽃은
목까지 죽이 되어
그러나 얼굴은 극단의 건조를 보이고 있다

뿌옇게 버캐진 거울 속에서
나는 영정처럼 내 방을 내다본다

때때로 그들도 돌아올까?

거대한 아가리

나는 죽은 그이들의 사진을 본다
잡지와 새로 나온 책
벽보판 위의 신문에서
나는 낯설게 그이들의 낯익은 얼굴을 본다
문득 그이들의 말이 활자체로 떠오른다
쉼표, 따옴표, 마침표, 물음표…… 지나간 말들

목소리, 목소리, 말의 초록물
돌아오지 않는다
까마득한 구름, 목소리의 입자들
비가 되어
떨어지지 않는다

나는 손바닥을 입에 대고
아아! 아아! 소리쳐본다
바람은 참으로 재빠르구나
따뜻한 입김, 그 목소리
까마득히 날아가버렸다

나는 홀연 뼈다귀처럼

인적 없는 바람 속에 던져진다

그립고 낯선
목소리의 망령들, 목소리의 납골당, 그 난바다.

태양의 유혹

내가 태양을 향해
똑바로 얼굴을 치켜들자
그는 찡긋
너! 라고 속삭인다
북적이는 행인들 속에서
나는
오, 나만의
나만의, 나만의, 나만의 햇님
나의,
라고 더듬거린다

그 누가 알리
태양이 굶주린 거머리처럼
내 전신을 빨고
이 많은 행인들 속에서
나, 감쪽같이 환락에 떪을

나, 잠시
영원히 추위를 벗고
내 몸에 너무나도 잘 맞는

그의 손에 이끌린다

꺼져라, 소멸의 시간이여
이제 다시 지구는
나를 중심으로 돌고
태양이 덩굴손을 뻗어
내 피 속에 담그고
미친 듯 장미꽃을 토하게 한다
꺼져라, 꺼져라, 소멸의 시간이여

이 무슨 야릇한 냄새람
나, 기진한 흰 동공을 돌려
향내나는 혼음의 거리를 본다.

칼로 사과를 먹다

사과 껍질의 붉은 끈이
구불구불 길어진다.
사과즙이 손끝에서
손목으로 흘러내린다.
향긋한 사과 내음이 기어든다.
나는 깎은 사과를 접시 위에서 조각낸 다음
무심히 칼끝으로
한 조각 찍어올려 입에 넣는다.
"그러지 마. 칼로 음식을 먹으면
가슴 아픈 일을 당한대."
언니는 말했었다.

세상에는
칼로 무엇을 먹이는 사람 또한 있겠지.
(그 또한 가슴이 아프겠지)

칼로 사과를 먹으면서
언니의 말이 떠오르고
내가 칼로 무엇을 먹인 사람들이 떠오르고
아아, 그때 나,

왜 그랬을까……

나는 계속
칼로 사과를 찍어 먹는다.
(젊다는 건,
아직 가슴 아플
많은 일이 남아 있다는 건데.
그걸 아직
두려워한다는 건데.)

데이트

당신 앞에서
비틀거리기 싫어서
넘어졌었죠.
넘어진 게 어이없어서
좌악 뻗었죠.
당신의 시선의 쇳물
쏟아졌어요.
나는 로봇처럼
발딱 일어났어요.
강철 얼굴을 천천히
당신께 돌렸어요
내 구두를 미끄러뜨린 게
무어겠어요?

11월

달이
빈 둥지처럼 떠 있다.
한 조각씩 깨어져
흘러가는
강얼음 같은 구름 사이에.

그곳에서
내 손은 차가웠다.
내 가슴도, 배도, 다리도, 발도 차가웠다.
내 입술은 차가웠다.
콧등도 각막도 눈썹도 이마도 차가웠다.
머리카락도 차가웠다.
뱀인 나의 피는 얼어가고 있었다.
달빛이 한기로 가득찬 그곳에서.

나는 밤 속에서도 응달에서
영원히 그 곁을 벗어날 것 같지 않은
낡은 달을 본다.
이제는 더 이상 추억을 지어내지 못할
죽은 새의 둥지를.

어느 개인 가을날

오늘은 전화를 받지 말아야지.
나 혼자 오롯이 지내봐야지.
전화벨 소리 조절기를 가장 작게 줄여놓고
롯데백화점 종이가방에 전화기를 넣은 다음
방석으로 덮습니다.
자주 전화가 오는 날은
받다가 말다가
말다가 받다가
저녁 느지막쯤부터는 의기양양
아주 안 받을 수 있지요.
나는 유쾌한 섬이 되지요.
그런데 전화가 드문 날 저녁엔
처음 한두 번까지
나훌 굶은 귀뚜라미 같은 전화벨 소리를 못 들은 척
하다가
세번째 벨이 울릴 무렵 허둥지둥
꾸러미를 풀고 전화를 받습니다.
그저 누구인가 궁금한 거예요.
이때 내가
주눅든 볼멘소리로 대꾸하는 것 이해하시겠지요?

평생 전화기 근처를 서성일 나.
아무래도 전화를 반납해야 될까봐요.
이렇게 생각하니
오싹 세상이 추워지는군요.
비틀어진 탯줄인 전화선.

무슨 중대한 망설임

늑골 위에 빗장 질린 두 개의 팔.
두 개의 가슴, 눈을 내리깔고 있다.
배 위에 펼쳐진 책.
규칙적으로 오르락내리락한다.
열린 창에서 바람이 불어온다.
저녁밥 냄새와 라디오 소리
포장도 엉성하게 묻어 들어온다.

왼손은 오른쪽 겨드랑 밑에
오른손은 왼쪽 팔꿈치 위에.
책장은 벌써 한참
넘겨지지 않고 있다.
투박한 담요에 닿아 있는
배는 꼬르륵거린다.

바람은 불고 또 불고.
빗장 질린 두 개의 팔.
그녀는 눈을 반쯤 뜨고 있다.
펄럭이는 커튼 틈.
거대한 심해 괴물의

광채도 온기도 없는
반쯤 뜬 눈.

산 책

플라타너스를 손바닥으로 두드리면
내 손바닥이
텅. 텅. 텅. 울린다.
텅. 텅. 텅. 텅. 텅.
텅. 텅. 텅.
검은 맨드라미, 노란 금잔화, 쓰러진 화단 옆을
텅텅거리며 걷는다.

거기, 누가 바스락거리는 거야?

바람이 내 몸을 만진다.
내 피가 모래처럼 쓸린다.
나는 가만히 쓸리어진다.

거기, 누가 바스락거리는 거야?

플라타너스는 차갑고 맨질맨질하고 까칠까칠하다.
나는 플라타너스를 손바닥으로
텅. 텅. 텅. 두드린다. 가로등을 텅. 텅. 텅. 두드리고
쓰레기통을 텅. 텅. 텅. 두드리고 오토바이를 텅. 텅.

텅. 두드린다.
　보도 블록은 발 아래서 텅텅거린다.
　달도 공중에서 텅텅거린다.

　거기, 누가 바스락거리는 거야?

겨울 우화

네가 나를 경멸한다면
너와 나
우리 둘 중의 하나는
경멸받아 마땅한 인간이야.
그러니,
관두자.
관두자, 관둬.
관둬!

설원을 헤매며 큰소리를 치다가
덜덜 떨며 깨어난다.

겨우내내
연탄보다 번개탄을
더 많이 때야 하는 나여.

제 야

달력 속의 동그라미들
너를 바라보던 화창한 날
듬성듬성
어떻게 건너오긴 왔구나

마지막 달력을 넘기려니
길 끊어졌던
한 계절의 깊은 강
한번 더 깊어진다

넘치려무나, 넘쳐
외로움 또한 생기로다.

똑. 똑. 똑.

 목을 졸리는 순간에 극치의 쾌감을 맛본다고 해. 그게 사실일까요? 알 수 없지. 하지만 그럴듯하지 않나? 하긴 신문 기사를 본 적이 있어요. 한 남자가 그 쾌감에 맛을 들여 들보에 목을 매곤 했는데, 그날은 잘못 의자를 차서 아주 가버렸다구요. 그래, 혼자서는 위험해. 누군가 옆에서 봐주어야 해…… 궁금하지 않아요? 목이 졸리는 순간, 어떤 기분일까요? 글쎄, 궁금한가? 글쎄요…… 아, 난 궁금해요. 나도.

 천장에 늘어진 밧줄 고리, 그 밑에 의자
 축축한 불빛
 벽을 따라 흘러내린다.
 너는 밧줄에 목을 걸고
 가비얍게 허공을 찬다.
 이것은 게임.
 그는 의자를 치운다.
 이것은 게임.
 밧줄을 목에 걸고 허공을 찬다.
 네 동공이 입처럼 벌어져,
 이젠, 됐어요!

어떻게 너는 나를 믿을 수 있지?
(그는 능글맞게 중얼거린다)
나도 미처 몰랐어. 내 심경이 바뀔 줄은.
내 자신이 퍽이나 낯설게 느껴지는구나.
자랑스럽기도 하고.
네 기분, 지금 어때?
슬프고 두려워서 내 가슴이 터지는구나.
그래도 끝까지 가보겠어.
내 기분이 어찌 될까 미치게 궁금하구나.
이것도 게임.
그래, 너는 후회하니?
단 둘이 하는 게 아니었나?
셋이면 어땠을까? 넷이면 괜찮았을까?
아니, 그래, 너는,
너라면 믿을 수 있을 것 같니?
이것은 게임.

네 몸은 딱딱하게 굳어 있다.
죽은 네 몸에 코가 생기고 귀가 생긴다.

심장 깊숙이서
바늘끝만큼 작아진 네가
꼬물꼬물 자라기 시작한다.
똑. 똑. 똑, 똑. 똑. 똑.
너는 도로 작아져
심장 깊숙이 달아난다.

똑. 똑. 똑, 똑. 똑. 똑.
너는 벌떡 일어나
수도를 잠그러 나가는 게 아니라
잠긴 방문을 잠그고 잠근다.
이렇게 중얼거리며.
누군가 나를
문이 잠긴 이 방에서 끌어내려고
일부러 수돗물을 틀어놓았어.
똑. 똑. 똑.
똑. 똑. 똑.

너무 무서워서 외롭지?
너무 외로워서 무섭지?

너의 차갑고 딱딱한 몸은
녹슨 침대 위에 모로 뉘어져 있다.
벽에 이마 한쪽을 대고.
그 숨소리를 들으려는 듯이.

늙은 건달 블루스

돈은 다 떨어지고
마음은 옹졸해졌네,
엄마와 대판 싸우고 집을 나오니
갈 곳이 없구나.
이 공원 저 벤치
저 버스 이 지하철을 헤매는데
개나리 진달래 만발했도다.
하! 공복통처럼
만건곤한 봄날.

봄날의 사냥꾼

유리창 너머
술렁이는 나무들
술렁이는 마음

햇빛이 바람에 물풀어지는
그 바람에 물풀어지는
풋봄의 이파리들

여린 나뭇가지 속에
흰 비둘기 날아앉는다.
깃 훑는 바람
(아, 시름없을 머리!)

냄새 맡듯
창밖을 보면.

우리는 철새처럼 만났다

우리는 철새처럼 만났다.
무관심의 빵조각이 퉁퉁 불어 떠다니는
어딘지 알 수 없는 음습한 호수에서.
자기 자신이 누군지도 모르고,
우리는 철새처럼.

플라타너스야, 너도 때로 구역질을 하니?
가령 너는 무슨 추억을 갖고 있니?
나는 내가 추억을 구걸했던 추억밖에 갖고 있지 않다.

그래서
굴욕스런 꿈속에 깨어 있다 잠이 들고
자면서도 나는 졸리웠다.

3월의 비

이 길을 지나다니는 것은
지루한, 허무한,
짐승 같은 공포 혹은 좀 고상하게, 존재론적 두려움
뿐만이 아닐 것이다

조심스럽게 비가 내리고
덜그럭거리며 트럭이 지나간다
길보다 낮은 집들

영생교회의
녹슨 철탑의
십자가의
고물 수집상의
고철과 폐지의
산더미의
깡통 울타리

조심스럽게 비가 내리고
축축한 발을 끌며
죽은 사람이 지나가도

놀랍지 않겠다
길보다 낮은 집들
안에 누가 있으면
내다볼 것이다

한 집은 시궁창 도랑으로
둘러싸여 있다
낮디낮은 창 밑의
질척이는 땅
그 너머에
배나무밭이 있다
빛을 깡말린
젖은 숯 같은 나무들

그 위로 조심스럽게 비가 내린다
안에 누가 있으면
내다볼 것이다
(좀더 가까이 가면
지린 듯 들쩍지근한
풀뿌리 냄새를 맡을 수도 있으리라)

이끼와 녹의 냄새를 풍기며
부드러운 안마와도 같이
내리는 비

태릉,
원자력병원 가는 길.

공 원

　봄의 공기 속에는 누룩이 떠다니고
　햇빛 이랑 이랑에 벤치가 떠다니고
　자전거가 떠다니고 쌀과자가 떠다니고
　관광이 떠다니고 버스가 떠다니고
　풀밭은 부풀고 마음은 펄럭거리고
　벚꽃 봉오리, 라일락 봉오리, 꽃눈들은 폭죽처럼 터지고

　나무들의 어린 잎은 깃털이야
　추억으로 울퉁불퉁한
　나무의 울퉁불퉁함을 딛고
　속속들이 새싹이 올라오고
　오, 간지러울
　나무들은 몸뚱이를 아무데나 문지르고

　털갈이를 마친 느릅나무는 두릿두릿 사방을 둘러보고
　낡은 필름 같은 뱀의 허물 같은
　구름은 바람에 흩날리고
　비둘기는 날아가고 날아오고
　내 걸음은 산지사방 흩어지고

공원을 지나 시가지로 내려가는
3월의 마지막 주말 오후
봄 연인들 제 올라오시네
봄의 누룩이 몰아쉬는 안간힘으로
공원은 빚어지고
바람은 바람개비를 돌리고.

심연이 있는 눈

끝없이 투명에 가까운,* 파랑.
결코 투명해지지 않을, 하양.
녹아버린다면 파랑으로 녹아버릴, 그러나 결코
녹지 않을, 하양.
첫 균열이 간 빙해의 균열.
얼음을 띄워놓은 페퍼민트.
내가 마신 물방울들의 기억.

그 하늘을 나는 들여다본다
심연이 있는 눈.
말할 수 없이
고요하고
쓸쓸한,

  * 무라카미류의 소설 제목으로
  『끝없이 투명에 가까운 블루』가 있다.
  그를 차용한 셈이어서 께름칙하고,
  께름칙해하는 것도 께름칙하다.
  꿈을 그대로 옮기려고 했는데
  내 꿈은 이 시보다
  더 파랗고 더 하얬다.

다리 위의 아가씨

우리 아버지는 왜 부자가 아니고
우리 엄마는 왜 미녀가 아니었을까?

저녁 강물이 어룽어룽
밀물져 돌아온다.

삶의 시간을 길게 하는 슬픔

나이는 서른다섯 살.
가을도 저물어 시린 바람이 안팎으로 몰아친다.
이제는 더 이상 청춘도 없다. 사랑도.
밤은 막막, 낮은 휑휑.
그렇지만,
죽음보다는 따뜻하다.

앙다문 이빨.
눈꺼풀 저 구석에 지그시 눌러둔
쓰라린 눈알.
억울해? 억울하지.

억울함을 딛고 비참을 딛고
생이 몰아치는 공포를 딛고
딛고, 딛고!

오, 추락하는 꿈으로도
오, 따분한 꿈으로도
오, 처량한 꿈으로도
비비틀리는, 푸드덕거리는

몸은 작열한다!

죽은 몸에는
눈먼 꿈도 깃들이지 않는다네.
당신을 저버린 연인이 무섭게 차갑다고?
죽음보다는 따뜻하다.

똑같은 꿈

졸립고
아파요.
아스팔트와
육중한 건물들과
희끗희끗 달빛이 비어져나오는
검은 구름의 하늘이
내 누운 몸 위를 지나가는군요.
얼어붙은 길들이
무겁게
뿌리를 뻗는군요.
아프고, 아프고,
아프게 졸리운데

더 나아갈 수 없어요.

휘잉휑 울리는
차갑고 무거운
길 밑에서.

밤이 왔다

밤이 왔다, 고 너도
생각했을 것이다.

잿빛 하늘 속에서 노란 빛이 새어나오는
길쭉한 창문같이
가로 걸린 구름을
나는 들여다본다.
그 창문은 점점 희어지고
잿빛은 짙어지고
이윽고 모두 희끄무레해졌다.

넘어지면 그 김에 쉬어가고 싶은데
어디 걸리는 데가 있어야 넘어지지.
(나는 왜 이렇게 잘났을까?)

하늘에는 뻥하니
구멍 같은, 어찌 보면 마개 같은 달이 떠 있다.
약이 떨어진
디지털 시계판 같기도 하다.

지금 몇 시니?

휘황하다

가늘게
면돗날처럼 가늘게 눈을 뜨고 봐도
저 휘황한 빛의 막
베어들어갈 수 없다
오히려
그 빛의 휘황함
내 눈을 난도질한다
하얗게
하얗게

난반사로 몸을 감춘
난반사로
너,
거기 있음을
하얗게 알게 하는
눈동자가 하얘지도록
시선을 붙드는

겨울날, 오후 세시, 의사 선생, 매스컴, 촉망받는
보바리 부인, 가는 길, 제삼한강교

저 空洞, 저 동공

너, 사람 잡는
너, 아무것도 아닌
(그렇지만, 아무것도 아닌 것도 아닌 것 같은)

세상의 모든 아침

세상의 모든 눈송이들이
지금 춤추듯 내리고 있다
어딘가 세상의
모든 눈 내리는 곳에

그래, 나의 애인은
사랑을 다짐하고 있다
누군가 세상의
그가 사랑하는 여자에게

세상의 모든 눈송이들이
바람을 수놓는다
세상의
모든 눈보라치는 곳에

나의 애인의 사랑은
그침이 없지
세상의 모든
그가 사랑하는 여자들!

아, 세상의 모든 눈을 다 맞을 수는 없다
세상의 모든 아침을 다 살 수는 없다

지금 어디선가

혼선―바람 속의 침상

그것은 내가 알 것 같은 목소리였다.
──쓸쓸해요.
──아무 말도 하지 말아.
　　그냥 가만히 있으면
　　쓸쓸함이 전해져와.
　　이렇게.
그리고 그들은 아무 말도 하지 않았다.
쓸쓸,
쓸쓸함이
전화선을 타고 오간다.
쓸쓸,
쓸쓸함이
쓸쓸, 쓸쓸,

그리고 너희는 아무 말도 하지 않았다.
침묵의 잇바디 아리땁구나.
전화선의 긴 그림자 금을 옮기는
달빛 아래
포석 위에
반쯤 베어먹힌 쥐의 몸통처럼

없는 머리가 자꾸 아프고
없는 얼굴로 흐느껴졌다.
나는 데굴데굴 달아나면서
징징거리며 노래한다.

    너희는 아무 말도
    쓸쓸, 쓸쓸함이
    쓸쓸, 쓸쓸함이

조 깅

후, 후, 후, 후! 하, 하, 하, 하!
후, 후, 후, 후! 하, 하, 하, 하!
후, 하! 후, 하! 후하! 후하! 후하! 후하!

땅바닥이 뛴다, 나무가 뛴다,
햇빛이 뛴다, 버스가 뛴다, 바람이 뛴다.
창문이 뛴다. 비둘기가 뛴다.
머리가 뛴다.

잎 진 나뭇가지 사이
하늘의 환한
맨몸이 뛴다.
허파가 뛴다.

하, 후! 하, 후! 하후! 하후! 하후! 하후!
뒤꿈치가 들린 것들아!
밤새 새로 반죽된
공기가 뛴다.
내 生의 드문
아침이 뛴다.

독수리 한 마리를 삼킨 것 같다.

추운 봄날

요번 추위만 끝나면
이 찌무룩한 털스웨터를 벗어던져야지
퀴퀴한 담요도 내다 빨고
털이불들도 걷어치워야지.
펄렁펄렁 소리를 내며
머리를 멍하게 하고 눈을 짓무르게 하는 난로야
너도 끝장이다! 창고 속에 던져넣어야지.
(내일 당장 빙하기가 온다 해도)

요번 추위만 끝나면
창문을 떼어놓고 살 테다.
햇빛과 함께 말벌이
윙윙거리며 날아들 테지
형광등 위의 먼지를 킁킁거리며
집터를 감정할 테지.

나는 발돋움을 해서
신문지를 말아쥐고 휘저을 것이다.
방으로 날아드는 벌은
아는 이의 영혼이라지만.

(정말일까?)

아, 이 어이없는, 지긋지긋한
머리를 세게 하는, 숨이 막히는
가슴이 쩍쩍 갈라지게 하는
이 추위만 끝나면
퍼머 골마다 지끈거리는
뒤엉킨 머리칼을 쳐내야지.
나는 무거운 구두를 벗고
꽃나무 아래를 온종일 걸을 테다.
먹다 남긴 사과의 시든 향기를 맡으러
방안에 봄바람이 들거나 말거나.

부푼 돛

바람 소리를 들으니 가슴이
돛처럼 부풀고 설렌다
창 너머로 밖의 것들이
구겨지고 부서지고 부딪치고 떨어지고
왈그락거리고 덜컹거리는 소리가 들린다.
비명을 지르며 홈통이 꺾인다.
바람은
무심히, 악의도 없이
몰아치고 몰아간다.

땅 가까이는 말하자면
바다의 수면이다.
세간살이의 잔해가 파도에 휩쓸린다.
그보다 높이, 새의 높이쯤에서
바람은 저희들끼리 불어가며
저의 순수함을 즐기고 있다.
그리고 구름 너머 까마득한 높이에
깊은 바람이 고여 있는 것이다.
그곳에는 지느러미도 눈도 없이
해와 달과 별들이 떠다닌다.

바람은 기세가 등등하다
배들은 삐걱거리고 끽끽거리고 펄쩍펄쩍 뛴다.
바람 속에 나가 있는 사람의 외치는 목소리가
가뭇 삼켜진다.
꽃나무들은 바짝 얼었겠다.
나는 새 높이쯤의 바람 소리를 듣는다.
자, 머리를 질끈 묶고
뛰어들어볼까나.

바람 소리를 들으면
가슴이 설레어
돛처럼 부푼다.

봄이 씌다

노랑꽃들과 분홍꽃들과 갈색 덤불 위에
너의 연록빛 그림자가 드리워져 있다.
평화롭고 우아한 여린 초록이
내 눈에 씌었다.

보도 블록에도 버스표 판매소에도
마주오는 사람의 얼굴에도 지나가는 버스에도
건너편 유리벽에도 허공에도 하늘에도
너의 그림자가 어룽댄다.
세상이 너의 어룽 너머로 보인다.

그리고 이 소리는 무엇일까?
이것은 소리일까?
이 기분 좋은, 조용히 부풀었다가 잦아들곤 하는
이것은 너의 호흡
햇빛 속에 여려졌다 짙어지는
녹색의 현들.

오늘 나는
온종일 상냥하다.

너의 그림자 속에서.
휘늘어진 너의 가지들은
햇빛 속에서 주의 깊고 온순하게 살랑거렸다.
내 마음은 그 살랑거림 속에서 살랑거린다.

너의 이파리들 속에 얼굴을 파묻고
오래도록 너를 껴안고 싶다.
너의 여림과 고즈넉함이
나의 몸에 배일 정도로 오래도록.

삶의 상냥함과 온순함을
꿈틀거리게 하는 봄나무.

비

"사랑하는 어머니
비에 젖으신다"
가슴 졸일 자식도 없는
, 것 같은
아무도 사랑하지 않는, 것 같은
할머니 비에 젖으신다

후암동 종점
햄버거집 처마 밑
깊숙이도 못 들어서시고
처마끝에 쪼그려 앉아
할머니 비에 젖으신다

흐린 유리알 같은 할머니의 눈에
빗물이 흐른다. 멈추지 않는다
빗줄기는 머리에도 아니고 가슴에도 아니고
할머니의 몸에 들이친다
납작 눌린 머리칼과 곱은 손등에 들이친다

할머니는 기억도 기력도 없으시지

도둑고양이만큼도 아는 이가 없으시지
아이고, 하느님
왜 나를 이때까지 살게 하셔서
이렇게 춥고 외롭게 하십니까?
한탄도 할 줄 모르시지
하지만 평생의 기억은 사라졌지만
설움은 남으셨을 할머니
생각도 없이 눈물이 흐르고
그러면 멈추지 않으실 할머니

비가 조금 듬성해지자
할머니는 접은 판지 상자 뭉치를 머리에 이시고
비틀비틀 일어나신다
빗물에 젖어드는
판지 뭉치 머리에 이시고
할머니,
멍한 얼굴, 비틀걸음으로
어디로, 어디론가 걸어가신다.

모든 꿈은 성적이다

나는 터덜터덜
잡초가 함부로 자란 길을 걷고 있었다.
하늘엔 암소 구름이 굼뜨게 움직이고 있었다.
목이 좀 마른 듯했다.
그 아름 고목 밑둥은
이 빠진 항아리처럼 덤불 속에 던져져 있었다.
무엇이 움직이는 듯해서 나는 다가갔다.
고목 밑둥에서 잔가지가 자라났다.
갈색 사슴이 고개를 내밀었다.
그 사슴의 한쪽 눈은 나무 옹이로 되어 있었다.
반은 나무인 사슴이 비비적거리며 나무 구멍 속에서 몸을 일으켰다.
가슴이 드러나자 나는 그것이 올빼미인 것을 알아챘다.
푸드덕거리며 올빼미는 날아올랐다
날아가는 것을 보면서
나는 그것이 사슴이라는 것을 깨달았다.
나무 옹이 눈을 가진 사슴은 나를 한번 힐끗 돌아보고
절뚝거리듯이 날아, 뛰어 달아났다.
사방이 찌르듯 조용했다.

내 애기를 들으신 프로이트 선생님께서는
자신만만하게 풀이하신다.
"모든 꿈은
성적인 것이야"
단성사 근처
핫 댄스 곡이 쾅쾅 울리는
복작복작한 커피점에서.

生의 찬미

"선생님,
저 좀 고쳐주세요.
죽고 싶지 않은데
죽고 싶어요.
자꾸 죽고 싶어요.
아직 죽고 싶지 않은데."

아침에 일어나보면
모두 죽어 있거나
죽어가고 있었다.
죽음이 흔해터졌다. 썩어났다.
천했다.

    아아아 그 속을
    누가 알랴마는.
아무튼 흔하고, 천하고, 썩어나고
날씨는 추워서 푸르퉁퉁
썩어 문드러지지도 않고

그래서 나는 죽음에

정나미가 떨어졌다.
그래서 하긴
정 붙일 데가 없어졌다.

소 풍

무언가 내 머리를 툭 친다.
나는 눈을 뜬다.
자그마한 새알 껍질!
핏자국이 채 마르지 않았다.
나는 목을 뻗어 둘러본다.
나무들이 수런거린다. 둥그렇게, 숨결 고르게.
초록 꼭대기의 하양 끝까지.
초록 속의 까망 끝까지.

바람은 아스팔트 위의 새알 껍질을 굴리고
나뭇가지 속에서 갓난 새의 젖은 깃털을 말린다.

이 나무 저 나무 옴팡진 곳에서
피어나는 새들.
날아다니는 꽃잎들.
새의 노랫소리를 듣고
나무는 울창해진다.
이제 막 홀랑 껍질을 벗고
어리둥절 어지러울 오월생아!
축하한다!

라일락꽃 향기가 지저귄다. 은방울꽃 향기가 지저귄다.
이름 모를 향기들이 지저귄다.
햇빛이 깔린
나무 사이의 복도처럼
길게 뻗은 길.

나는 실없이 행복하다.
나는 막 한 발을
햇빛 속에 처든다.

나를 믿지 마세요

믿지 마세요.
당신이 믿음을 저버리고, 들킨 적이
단 한 번이라도 있는 사람을.

절대로
마음을 놓지 마세요.
하느님도 그를 달래실 수 없어요.

까실한 얼굴을
절벅거리며 씻다가
(우리에게는 바빌론강도 없으니까)
수돗물을 틀어놓고
수돗물가에 앉아서 울어본 적이 있는 사람은
내 말을 알 거예요.

참 오래 된

참 오래 된 매점 라디오의 가요 소리
참 오래 된 애국자의 동상
참 오래 된 시멘트 블록 깔린 광장
참 오래 된 배드민턴을 치는 사람들

참 오래 된 계단곬
참 오래 된 돗자리
참 오래 된 점괘를 물고 나오는 작은 새
참 오래 된 할머니

참 오래 된 장미 덤불
참 오래 된 저녁 햇빛
참 오래 된 가랑잎과 마른 나뭇가지로 덮인
참 오래 된 공원, 그림자들.

가랑잎의 거리

나뭇잎이 수북수북 쌓였네.
가랑잎의 거리를 만든다고
쓸어버리지 말기로 했다나봐.

나는 나뭇잎이, 황금빛 은행잎과
적갈색 플라타너스잎과 벚꽃나무잎과 단풍잎이
수북수북 쌓인 길을 걷네.
바람이 불 때마다 나뭇잎은 떨어지고
불지 않아도 나뭇잎은 떨어지고
가랑잎의 거리는 깊어지는데
나뭇가지 사이로
하늘도 뻥하니 깊어지는데

아, 아직도 별로 센티해지지 않네.

나는 수북수북 쌓인
가랑잎의 거리를 걷네

센티멘틀리즘이여, 다시 한번만!
십대도 가고 이십대도 가고
詩 또한 메말라 버석거리네.

진눈깨비 1
─── 죽은 벗에게

유리창 저쪽
맑게 개인 저편

감기지 않는 눈

우리 다시 만날 때
너는 나를 기억할까?
내가 너를 기억할까?

3월,
벗을 수 없는 추위.

진눈깨비 2
──죽은 벗에게

네 이름 이제는
나를 울고 싶게 하지 않는다.
그럼에도
가끔 네 이름을 부른다.
내가 아무것도 아니어서
삶이 나를 삐치게 할 때.

네가 안 쓴 달력들이
파지처럼 쌓였던 나날,
이라고 하면 네게 위안이 될까?
오오, 미안, 화내지 말라!
나도, 미친 듯, 살고 싶다!

……그러면 추위가 벗어질까?

빈 무덤 앞에서

내게 와서 묻지 마세요.
이제는 죽음을 아느냐고.

내게 아무것도 묻지 마세요.
나는 평생을 피곤했고
이제사 예서 쉬노니.

가을비 내린다

가을비 내린다

이런 날은 아무도
바깥에 있지 않았으면 좋겠다.
나무들만 빼놓고.
나무들의 집은 바깥.

길바닥에 떨어진
나무의 오므린 손바닥에
가을비 내린다.
손바닥 가득
이지러진 눈, 동자처럼
풍경이 떠다닌다.

나무들의 모양이 점점
사람을 닮아간다.

비는 어디로 가지?
비의 집으로.
가을은 어디로 가지?

가을의 집으로.

나무들의 집은 바깥.

바깥은 어디로 가지?
바깥의 집으로.

가을비 내린다.

봄눈 오는 밤

길 건너 숲속,
봄눈 맞는 나무들.
마른풀들이 가볍게 눈을 떠받쳐들어
발치가 하얗다.

나무들은 눈을 감고 있을 것이다.
너의 예쁜 감은 눈.
너, 아니?
네 감은 눈이 얼마나 예쁜지.

눈송이들이 줄달음쳐온다.
네 감은 눈에 입맞추려고.
나라도 그럴 것이다!
오, 네 예쁜, 감은 눈,
에 퍼붓는 봄눈!

그러면 무엇이 허망을 전해줄까?

1. 거울

내가 이래도 좋을까?
네게 가도 좋을까?
나는 네게 취해 있다.
내 진작 너를 알았더라면!
나는 네게 취해 있어.

내가 이래도 좋을까?
네게 가도 좋을까?
내 진작 너를 알았더라면!

2. 쥐어짜인 거울

쉬잇! 쉬잇, 쉬잇, 쉬잇.

모두가 허망이니
아무것도 남기려 하지 말자꾸나.

신비하지도 않고, 열쇠도 아닌

(라일락꽃이 피었습니다
벚꽃도 지지 않고 피었습니다)

교보문고 금주의 소설 베스트 셀러
2위가 『화두』
3위가 『깊은 슬픔』
4위 『한 말씀만 하소서』
그 책은 발간 열흘 만에 10만 부가 나갔고……
『무소의 뿔처럼』은 20만이 넘었다며?
그러면 인세가……
올해 안으로 100만 부……

볕 좋은 봄날,
껌을 씹으며 이런 얘기를 한참 하다가
(저, 참 천박하죠?)
문득 얼굴이 확 달았습니다

모든 우주의 신비와 열쇠가
숫자에 있다고 피타고라스는 말했건만

나에게로 와서
숫자들, 숫자들……

봄눈 온다

나무가 눈을 뜨면
저 눈은 자취도 없을 것이다.
나무가 한번도 본 적이 없는 눈.
자기를 깨운 것이
봄바람이거나 봄비거나 봄볕인 줄 알겠지.

나를 깨운 것은
내가 막 눈을 뜬 순간
내 앞에 있는 바로 그가
아닐지도 몰라.

오, 내가 눈을 뜨기도 전에
나를 바라보다 사라진 이여
이중으로 물거품이 된
알지 못할 것들이여.

집시의 달

인적이 끊긴, 길은
발자국의 기억을 되새기며
타박거린다.
달도 자기의 기억을 더듬어간다.
달은 여기가 아닌 곳에서
깨어날 것이다, 라지만
그곳에서 다시 기억을 더듬으며
이곳으로 올 것이다.

그렇게 기억들은 차오르고
삭아간다.

삭아, 간다.

나 비

나비의 심장은 저토록이나 고요하고
유유히
뱃놀이를 하듯 뛰는구나
늘 낮잠을 자는
구름처럼 뛰는구나
이따금 가느스름 뜨는
커다란 눈처럼 뛰는구나
삽시간, 느리게
새벽과 밤과
아침의 그림자와 오후의 그림자를
오게 했다 지우며

어쩌겠다는 생각도 없이
살며시 나비를 잡으면
심장이 멎는다, 정오
나비는 만파 시선을 피하려 쩔쩔매고
나도 쩔쩔매며
그를 본다
손끝 사이로 가뭇없이
빠져나갈 것 같다, 비틀어지거나

나비는 날개에 내 지문을 묻히고
화들짝 날아간다
내 손끝에는
반짝거리는 하얀 가루가 묻어 있다.

도시의 불빛

좀더 밤이 오길 기다리자꾸나.
내 방에서처럼 저 집들도
분명 전등을 켜고 있을 터인데
불빛들이 내게 닿기에는
아직 충분히 어둡지 않다.

조금만 더 기다리자꾸나. 샛별은
하늘의 경사를 오르며 맑아진다.
집들의 윤곽이 가라앉고
말갛게 창문이 떠오른다.
밤을 보낼 치장을 마친
집들이 떠오른다.

언젠가 한 친구가 외쳤었지.
"저 불빛들 좀 봐!
알알이 슬픔이야!"
지금 저 건너편에서 어떤 이도
이쪽을 건너보며 똑같은 탄식 하고 있을지도……

슬프든 노엽든 따뜻한 핏톨처럼

집집의 불빛들이
밤의 언덕, 골짜기에
고요히 웅얼거리며 맥박 친다.

지붕 위에서

나는 드디어 소원을 이뤘노라
발가벗, 지는 못했지만
하나 가득 바람을 채워놓고
맨하늘을 향해 대자로 누워
눈길을 하염없이 가게 두는 것

별이 하나 둘 세 개
네 개 다섯 개 여섯 일곱 여덟 개
빨랫줄 사이에서 흔들리며
잘 마르고 있다
한옆에서 달은
부표인 척 떠 있다

아무것에도 닿지 않은 바람이
하늘에서 곧장 흘러 떨어진다
끝없이 뱃전에 와 부딪는 물결처럼
바람은 내 몸에 와 부서진다
바람은 달에 가 부서진다
무성한 바람의 이파리들이
층층이 켜켜이 부딪친다

아, 나는 옛부터의
달의 마법을 믿노라!
나는 한 홍얼거림을 듣는다
먼 곳에서 그는 노래하고 있다

달려라, 바람아!
저 친근하고 서늘한
노래하는 머릿속으로
나를 몰아가주려무나.

이 순간 나는
자랑스럽게 씻겨져 있노라.

그들은 내 방에

1

그들은 내 방에 죽으러 와.
벌레들은 내 방에 죽으러 와.

벽에 매미가 붙어 있어.
말벌은 형광등 갓 위에 몸을 숨겨.
나방들이 유리창에 납작 매달려.
풍뎅이는 창틀에 쿵쿵 머리를 들이박으며 파고들고.
파리들은 천장 한켠에서 눈을 꼭 감고 있어.
그들은 아무 소리도 내지 않아.
그들은 그 자리에서 꼼짝하지 않아.

그들이 달아나지 않는 건
나를 좋아하기 때문이 아니야.
그들이 죽어가기 때문이야.

사흘에 한 번씩 나는 먼지털개로 방을 털고
빗자루로 바닥을 쓸어내.
바싹 마른 그들이 툭툭 떨어져.
그리고 그 자리에 다시

매미가 말벌이 나방이
파리들이 풍뎅이가 무거운 날개를 끌며
낮게 날아와 앉아.

어떤 날은 와삭 마른 매미를 밟기도 해.

그들은 내 방에
죽으러 와.

2

밤에, 말이지.
문들을 걸어잠그고 눈을 감으면
나의 마른 머릿속에서
그들이 마른 헐떡임을 속삭여.

말라간다, 말라가. 말라간다, 말라가.

모든 것이 말라가.

미친 여름의 노래

지구가 1994년의 극악 미련한 여름을 떠메고
삐그덕 삐그덕 돌아간다.
여기도 싫고
그렇다고 달리 가고 싶은 데도 없고나.
지금은 아무도 자살하지 않을 때.
죽는 것조차 귀찮다. (뭐, 딱히 죽을 생각도 없었다)
(인생이란, 죽을 가치조차 없다고 누가 말했지?)

푹 삶아진 하늘, 데친 해파리.
둥실둥실 떨어져 척 내 얼굴에 얹힌다.
매미떼가 내 뇌를 지글지글 지글지글 파먹어 들어간다.
(이게 무슨 냄새지?
음, 아무도 없군.)
내 몸은 반쯤 썩은 쥐새끼가 퉁퉁 불어 떠다니는
뭉글고 뜨뜻한 하수구름.

고름집투성이의 머릿속에 두 손을 구겨박고
바늘이 휘어져라 시간을 가는 맷돌을 본다.
네에시 사십이분이구나아.
으아, 하 웃으면서 죽고 싶다.

죽으면서 웃고 싶다.
아니지, 한 시인이 새파랄 때 노래했듯
바람이 불지 않는다, 그래도 살아봐야겠다.
(이건, 자기가 자기 발을 간질이며 웃는 꼴이군!)

끝없는 대낮.
밤은 오래도록
그 순결을 훼손당하고 헐떡인다.
오, 시청 앞의 분수처럼
누가 스위치만 넣으면 솟구칠 수 있다면!

위안이 되는 것은
너 역시 같은 태양 아래 있다는 것.

숨을 곳이 생기면
너를 부르마.

⟨해 설⟩

패인, 매인, 시인

정 과 리

> 아, 다시 봄이라는데
> 갈라진 마음은 언청이라서
> 휘파람을 불 수 없다.
> ——「사랑의 구개」

> 이제 나는 흉하고 휑한 그대의 상처로
> 돌아갑니다.
> ——에메 세제르, 『귀향 수첩』

생각이 곧 시가 되는 시인들이 있다. 그 시인들에겐 뇌와 입술 사이의 거리가 무척이나 짧아 관념은 이미 소리의 날개를 달고 태어난다. 그리곤 쏜살같이 입술로 내달아 문자를 낚아채고 솟구치는 것이다. 이 부류의 시인에게는 비유와 상징이 곁들 여지가 없다. 아니 차라리 불필요한 것이다. 관념이 이미 시이니 어떤 수사학도 무익한 연장이리라. 황인숙은 그런 새호리기나 황조롱이와 같은 매과에 속하는 시인이다. 그는 그의 첫 시집에서,

> 오 집어치우자, 갈참나무를.
> 단풍나무를, 오동나무를.
> 우리가 어느 나무의 몸을 통해 나온 욕망인가를.
> 욕망이면 욕망이었지, 집어치우자.
> 십대의 나무를, 이십대의 나무를.
> 무엇보다도 불혹의 나무를.
> 복 받을진저, 진정한 나무! (「복 받을진저, 진정한 나무의」, 『새는 하늘을 자유롭게 풀어놓고』, 문학과지성사, 1988, p.111)

를 외쳤던 바가 있다. 그에게는 욕망의 양태(갈참나무, 단풍나무, 오동나무……), 기원(어느 나무의 몸을 통해 나온 욕망인가), 목표(십대의 나무…… 불혹의 나무)가 도시 쓸데가 없는 것이다. 어떤 이들에게는 그것들이야말로 욕망의 성분이거나 혹은 욕망 그 자체가 되겠지만, 황인숙에게는 욕망이면 그저 욕망일 뿐이고, 욕망에 딸린 부속물들은 욕망의 방출을 더디게 만드는 방해물에 불과한 것이다. 이 방해물들을 제거하기 위해 아마도 시인은 뇌와 입술 사이의 거리가 그렇게 짧은 존재로 진화해온 것일 게다. 그러니, 그 거리는 공간적인 개념이 아니라 시간적인 것이다. 다시 말하면, 욕망의 수로를 단

축하려는 그의 욕망은 하나의 역사 속에 들어 있다. 그 거리를 난만한 비유들로 장식하려는 시적 상투성과의 싸움의 역사 말이다. 그것은 특히, 한국시 특유의 정서주의와의 싸움을 뜻한다. 그 정서주의는 형용사의 안개로 자욱하고 부사의 돌멩이들로 강팔라서, 한, 그리움, 님, 누이 등을 휩싸고 도는 한국인의 영원한 결핍감과 그대로 상응하면서, 그것을 더욱 조갈나게 하는 것인데, 황인숙의 시는 시인이 그것을 의도했든 그러지 않았든 그러한 갈증의 탐닉에 정면으로 도전하는 것이다.

바로 그 점에서 황인숙의 시는 주어와 동사로만 이루어져 있다. 속사와 상황 보어를 가지지 않는다는 뜻이다. 그 주어는 대체로 '나'이지만, 그것은 1인칭이라기보다, 차라리 무인칭이다. 그는 새처럼 가볍기를 의지하기 때문이다. 그를 유명하게 만든 시, 「새는 하늘을 자유롭게 풀어놓고」를 보라.

> 보라, 하늘을.
> 아무에게도 엿보이지 않고
> 아무도 엿보지 않는다.
> 새는 코를 막고 솟아오른다. (『새는 하늘을 자유롭게 풀어놓고』, p. 91)

아무에게도 엿보이지 않고 아무도 엿보지 않는 곳으로(그리고 또한, 자세로/몸짓으로) 솟아오르는 그 새가 그 '나'다. 본래 으뜸 인칭으로서의 '나'는 '너' '그' '우리' '그들' '당신'의 다른 인칭들과 '상관'해서만 성

립한다. 그런데 시인은 그 '아무'가 도대체 귀찮은 것이며, '나'로부터 그 '아무'와의 상관성을 덜어내지 못해 몸살한다. 그래서 그는 '코를 막고' 솟아오르는 것이다. '코를 막고'는 물론 '숨을 멈추고'라는 뜻이지만, 그렇다고 해서 그것이 목숨을 버리겠다는 뜻을 직접 포함하는 것은 아니다. 그것은 집중을 훼방놓는 주변의 냄새를 맡지 않겠다는 것으로 읽혀야 한다. 즉각적인 비상, 즉각적인 점화, 즉각적인 진입을 위해서는 바깥으로부터의 전파를 받아들이는 모든 통로를 폐쇄하고 오직 코를 뾰쪽하게 세우고, 다시 말해, 화살이 되어 날아가야 하는 것이다.

  이번의 시집에서도 그러한 속성 배제를 방법론으로 가진 비상의 의지가 그의 시의 여전한 진앙이 되고 있음을 몇 편의 시들은 드물기는 하지만(실로, 시인은 "내 생〔生〕의 드문/아침"이라고 실토하고 있다) 선명하게 보여주고 있다. 가령, 오직 가쁜 숨소리만이 문면을 가득 채우고 있는(야콥슨의 기능 분류에 의거해 우리는 이 숨소리를 '감정 표시' 기능에 할당할 수 있다. 감정 표시 기능이란 곧 요소 분류의 '발신자'와 상응한다. 숨소리가 문면을 가득 채우고 있다는 것은 주어가 다른 구문적 요소들을 압도하고 있다는 것을 뜻한다)「조깅」중,

    하, 후! 하, 후! 하후! 하후! 하후! 하후!
    뒤꿈치가 들린 것들아!
    밤새 새로 반죽된
    공기가 뛴다.

내 生의 드문
　　아침이 뛴다.

　　독수리 한 마리를 삼킨 것 같다.

에서 내 호흡 가쁜 눈 위를 획획 뛰어가는 땅바닥·나무·햇빛·버스·바람·창문·비둘기 등등이 뒤꿈치가 들렸다는 것은 그것들이 자신의 몸무게를 덜어내는 놀이에 열중하고 있다는 뜻이 아니겠는가? 그렇지 않다면 어떻게 그 무거운 것들이 "밤새 새로 반죽된/공기"가 될 수 있겠는가? 뒤꿈치를 열심히 드는 만큼 그것들은 어느새 질량과 형상을 흩어버리면서 무형의 자유로운 공기들로 새로 반죽되는 것이다. 그 뒤꿈치 들기는, 곧바로 이어지는 시, 「추운 봄날」 중,

　　아, 이 어이없는, 지긋지긋한
　　머리를 세게 하는, 숨이 막히는
　　가슴이 쩍쩍 갈라지게 하는
　　이 추위만 끝나면
　　퍼머 골마다 지끈거리는
　　뒤엉킨 머리칼을 쳐내야지.
　　나는 무거운 구두를 벗고
　　꽃나무 아래를 온종일 걸을 테다.
　　먹다 남긴 사과의 시든 향기를 맡으러
　　방안에 봄바람이 들거나 말거나.

에서의 "머리칼 쳐내"기, "무거운 구두를 벗"기와 같은 운동 이미지의 동위원소들이다. 두루, 제 물질성을 버리는, 그래서, 더욱 가볍게 솟구쳐오르는 행위들인 것이다.

그러니, 황인숙 시의 동사는 언제나 주어를 삼킨다. 위 시구에서도 주어는 생략되어도 좋다. "나는 무거운 구두를 벗고"에서 '나는'은 언어학적으로 불필요할 뿐만 아니라, 의미론적 차원에서의 속성 제거의 의지를 고려한다면 없애는 게 더 낫다. 그런데, 그것은 일종의 역설이다. 자신의 속성을 포함하여 모든 '종속소들'을 제거하고 '핵'(기본 주어와 동사)만에 밀도를 부여하려고 하는 그 의지가 모든 주체를 동작의, 다 쓰고 나면 버릴 분사통으로 만들기 때문이다. "답답할수록/〔……〕 더/ 새파란 공기통"(「귓속에 충만한」, 『슬픔이 나를 깨운다』, 문학과지성사, 1990, p. 83)인 시는 열수록 더 날아가버릴 터이다. 그렇다면, 황인숙 시의 구문 형식은 오로지 동사로만 이루어져 있다고 말할 수 있을 것인가? 또한 그렇다면, "나는 무거운 구두를 벗고"에서 '나는'은 왜 끼어 있단 말인가? 그 의미와 형태의 그 어긋남은 실제 '나'가 그렇게 제거될 수 없다는 자각과 관련이 있다. 그 동작이 '나'의 이름으로, 다시 말해, '나'가 근거이자 동시에 목표이고, 욕망의 뿌리이자 동시에 욕망의 운동인 그것으로서만 이루어지는 한, '나'는 결코 소멸하지 않는다. 가령 불나방처럼, 그게 소멸한다면, 그때 '나'도 없을 것이고, 또한 '황인숙의 시'도 없을 것이며, 오로지, 모든 것을 삼키는 불꽃처럼 어떤 잡념도 없이 타오르기만 하는 거대한 시의 화염만이 남을 것이다.

아니, 그 화염만이 남는다면, 그래도 볼 만하리라. 하지만, 그 화염이 내팽개친, 혹은 그 화염이 앗 뜨거워서 후닥닥 떨어져나간 나의 죽음들이 "아무튼 흔하고, 천하고, 썩어나고/날씨는 추워서 푸르퉁퉁/썩어 문드러지지도 않"는 채로 널리고 마는 것이다. "그래서 〔……〕 죽음에/정나미가 떨어"(「生의 찬미」)진 시인은 결코 '나'를 버리지 못한다. 나를 버리면 운동하지 못하는 추한, 흔한, 썩은 나가 남기 때문이다.

황인숙 시의 진앙은 그 아슬아슬한 접면에 존재한다. 나의 물질성 그 자체의 운동으로 나를 초월하는 것(여기에서 '어디로?'라는 질문은 쓸데가 없다. 그 질문을 던지는 사람은 당장 "집어치우"라는 시인의 고함에 귀청 떨어질 것이다). 따라서, 언제나 나에 의해서만 나 아닌 것으로 흩뿌려지는 것. 나 아닌 것의 검은 구멍 속에 빨려 들어가기 직전의 내 사건의 지평면 둘레를 빠르게 도는 것. 「새는 하늘을 자유롭게 풀어놓고」에서의 "자유의 섬뜩한 덫"은 바로 그것을 이르는 말에 다름아니다. 주체 없는 자유란 당장 관여성을 상실하고 마는 것인데, 또한 그 주체는 자유의 최후의 구속물로 남아 있는 것이다. 그러니, 그 자유가 어찌 섬뜩한 덫이 아닐 수 있겠으며, 또한 어쨌든, 시인은 그 섬뜩한 덫을 끌고 "얏호" 솟아오르지 않을 수 있겠는가?

그랬던 시인이…… 하지만, 이제는 서글프고 피로한 기색을 감추지 못하고 있다.

나이는 서른다섯 살.
가을도 저물어 시린 바람이 안팎으로 몰아친다.
이제는 더 이상 청춘도 없다. 사랑도.
밤은 막막, 낮은 휑휑. ——「삶의 시간을 길게 하는 슬픔」

센티멘틀리즘이여, 다시 한번만!
십대도 가고 이십대도 가고
詩 또한 메말라 버석거리네.　　——「가랑잎의 거리」

같은 시구들에 잘 나타나 있지만, 그 피로와 우울은 무엇보다도 늙음 때문이다. 늙었다는 것은 단순히 나이를 먹었다는 것을 뜻하지 않는다. 늙었다는 것은 젊지 못하다는 뜻이고, 젊지 못하다는 것은 아예 시간을 통째로 잃어버렸다는 것을 뜻한다. 보라, 그녀에게는 바람이 '안팎'으로 몰아치는 것이며, "청춘도 〔……〕 사랑도' 없는 것이고, "밤은 막막, 낮은 휑휑"하지 않은가? 막막·휑휑이 온 하루를 꽉 메우고 온통 휘몰아치고 있다. 청춘의 상실은 삶의 전면적 상실에 이어지는 것이다. 그녀는 벌써 자신을 사망자로 느낀다.

뿌옇게 버캐진 거울 속에서
나는 영정처럼 내 방을 내다본다
　　　　　　　　——「더 이상 세계가 없는」

그런데, 좀 이상하지 않은가? 시인은 이제 겨우 30대 후반일 뿐이다. 그 나이에 벌써 늙었다고 한다면, 한국인의 절반 이상이 억울해하리라. 그런데도 시인에게는 이십대만 지나면 벌써 늙은이이다. 그것은 적어도 두 가지 이유가 있는 것으로 보인다. 그 하나는 시인의 시 운동 그 자체의 본성으로부터 온다. 그리고 그 본성은 '늙은' 시인의 괴로움의 영원한 원천이 될 것이다. 바로, 핵 단위들만을 달구고 종속소들을 쳐내는 그의 시학이 그것이다. 십대·이십대의 팔팔한 청춘, 그의 시를 빌리자면, "혈기방장한 이파리들"(「복 받을진저, 진정한 나무의」, 『새는~』, p. 111)은, 앞만 보고 달리는 것만으로도 삶을 느낀다. 그때, 외부 세계는 두렵고 불안하지만, 그러나, 나는 "불안해하며 믿으며/믿으며 두려워하며/믿음으로 숨어 있는 힘에 이끌려/〔……〕 비약을 삼"(「병든 달」, 『새는~』, p. 73)키듯 그곳을 질주한다. 그 질주가 핵 단위만을 더욱 집약시키는 소진성 질주이기 때문에 그것은 그만큼 자유로움의 넓이를 키우며, 또한 따라서, 세계를 유한한 모양·크기·색채로 규정하고 있는 모든 일상적·문화적 체계들에 대한 반란성을 띤다. 그에 대한 기왕의 평문들이 공통적으로 지적하고 있는 별 짓, 시각의 전도, 변형은 바로 그러한 반란성을 가리키는 것에 다름아니다. 그의 전도는 일상적 시각에 대해서는 전도가 되겠지만, 시에 대해서는 시의 원형으로, 아니 차라리, 그 원형의 문제학으로(왜냐하면, 앞에서 말한 것처럼, 자유는 곧 섬뜩한 덫이기 때문이고, 나는 나인 것과 나 아닌 것 사이에 아슬아슬하게 위치하기 때문에. 실로, 모든 시인들에 있어서도 그의 시의 심원은 동시에 문제의 장소이다. 그 심원에 최초의 상처가 있었다는 애기가 아니라, 심원 그 자체에 대한 의심이 심원 속에 함께 있다는 뜻이다) 시의 실제들에 대해 반란을 꾀하는 것이며, 그의 변형은 목적이 제거된 변형이기 때문에 차라리 변하는 것들의 난무라 할 만하다.

하지만, 문득 "믿음으로 숨어 있는 힘"이 빠져나간 것을 발견하는 때가 온다. 그게 언제일까? 나는 모르며, 시인도 아마 모를 것이다. 다만, 시인은 그것을 깨닫는 계기를 만난다. 두번째 이유가 될 그 계기는, 시인이 문득 그가 그 안을 질주하고 그것을 반동으로 솟아올랐던 외부 세계가 더 이상 그러한 열림과 탄성을 제공해주지 않고 무수한 울타리들을 가로세우고 뗄래야 떨어지지 않는 끈끈이로 "나의 시(詩), 나의 구두"(「거리에서」, 『슬픔~』, p.89)를 묶어놓을 때, 따라서, 외부 세계가 단순히 두렵고 불안할 뿐만 아니라 실제로 무서운 '비약'임을 느낄 때이다. 문득 외부의 물상들을 구체적으로 느끼기 시작하는 때, 그런데, 그것들이 저마다 흉포하고도 음험한 표정으로 '나'를 엄습하는 때가 오는 것이다. 그때 세상은 더 이상 돌발적 비상과 치명적 음식이라는 뜻을 동시에 품은 내부 모순어로서의 '비약'이 아니라, 오직 후자의 뜻만으로 시커멓게 뭉쳐진 비약이 된다. 실로, 성민엽이 "전반적으로 위기에 봉착해 있"(「변형 의식의 위기와 우울한 성찰」, 『슬픔~』, p.126)다고 파악한 두번째 시집에서부터 그 징후는 사방에 깔려 있으며, 그 징후를 전달하는 것은 외부로부터의 온갖 송신파들이다.

날으는 것을 생리로 가진 자가 날지 못한다는 것은

그가 지상에 묶였다는 것을 뜻한다. 전화벨 소리, 친구의 사망 소식, "아침 햇발 아래서/웃음의 화살 겨"(「미필적 고의」)누는 사내의 표정, "풍문의 화염병"…… 이런 것들이 그를 지상에 묶는 것들이다. '미필적 고의'라는 제목이 그대로 보여주듯이 그것들은 그들의 의사에 상관없이 시인을 상처입힌다. "변덕스런 봄밤,/그 집 이층 난간에서 고무나무/시퍼런 바람 맞"고, 전화벨 소리 "닝닝닝 닝닝닝 〔……〕/ 내 다섯 모가지를 친친 감"(「봄날」)으며, "매미떼가 내 뇌를 지글지글 지글지글 파먹어 들어간다"(「미친 여름의 노래」).

그 상처는 시인에게는 거의 불가피한 일이다. 오직 '나'의 운동만으로 세상 전체를 주파하려 한 시인은 이제 그 바깥 세상에게 복수당하는 것이다. 그는 그 바깥 세상의 생리와 수량과 명석성을 애시당초 무시했으니, 그가 받는 것은 오로지 상처일 수밖에 없는 것이다. 그 상처가 아직 예감으로 남은 채로 극단적으로 끔찍해졌을 때, 시인은 「몽환극」(『슬픔~』, pp. 32~33)이라는 그로테스크한 시로 그것에 대한 "가히 주술적"인 저항을 보여준 바가 있다. 실로 태양보다도 더한 뜨거움을 나는 그 시를 읽으며 느꼈던 것인데, 주인공인 노파가 "뙤약볕의 개구리처럼/끔찍하게 마른 사지, 오그라든 젖퉁이/눈꺼풀은 돌비늘, 눈알을 덮고/나무 옹이 같은 입"을 가지고 있었기 때문이다. 그러나, 그 시가 실로 태양보다 더 뜨거운 것은 그 노파가 그런 말라비틀어지고 사방이 패이고 딱지 붙은 육체를 갖고 있기 때문이 아니라, 그 육체를 "바라보는 것만으로도,/네 젊음을 나에게/쬐끔만

다오, 라는 말을 듣는 듯./돌비늘 틈의 섬광, 나뭇골에 새는 바람"을 번쩍이고 쉭쉭 뿜어내면서 "찔꺽찔꺽 물을 끼얹"고 있기 때문이다. 작열하는 뜨거움으로 데워졌으며, 몸에 뿌려지자마자 욕조의 뜨거움에 곧바로 말라버릴 듯한 그 물을 되풀이해서 찔꺽거리는 노파를 상상해보라. 뜨거움으로 뜨거운 물을 만들어 뜨거움을 식히려 하는 그 기괴한, 기괴한 만큼 필사적인 그 행위를. 더 나아가, 그 말라비틀어진 육체로부터, 도대체 그 몸에 무엇이 남을 게 있었다고, 벅벅 밀려나갈 살 찌꺼기들을.

아마도 그것이 '나'의 운동만으로 세상을 관통하려 한 주체가 문득 적으로 변한 세상에 대해 벌일 수 있는 최대의 저항일지도 모른다. 그것이 최대인 만큼 그것은 단 한 번으로 모든 것을 완성한 것인지도 모른다. 이번 시집에서는 정말 그와는 전혀 다른, 아니 다르다기보다는 그 필사적인 그로테스크를 상실한 모습을 보여주고 있다. 시인은 이제 절정으로부터 서서히 추락하는 것인가?

  도시의 불룩한 유방인
  빌딩과 빌딩 사이로
  개울이 흐른다.
  밤인 도시가
  나체인 온 가슴을 벌리고
  비를 맞는다.

  쭉 뻗은
  시체처럼

아무 사념 없이.

쌔앵쌩 부는 바람에
부는 대로 패이고
씻긴다.　　　　　　　　　　　　——「!비!!!」

 온몸을 내버린 자의 모습이 이제 시인이 보여주는 제 모습이다. 나체인 온 가슴을 벌리고 쭉 뻗은 시체처럼 부는 바람에 부는 대로 패이고 씻기는 그 자기 버림의 모습. 예전의 자기 버림이 솟구치기 위해 제 몸을 가볍게 하는 능동적 버림이었다면, 오늘의 버림은 비상을 포기하고 세상에 제 몸을 먹이처럼 내던져버리는 체념적 방기이다. 그 버려진 몸 위를 "졸립고/아파요./아스팔트와/육중한 건물들과/희끗희끗 달빛이 비어져나오는/검은 구름의 하늘이/〔……〕 지나"(「똑같은 꿈」)간다.
 그러나 졸립고 아프다고 말하는 존재는 누구인가? 그것들이 "내 누운 몸 위를 지나가는군요"라고 시는 적고 있지 않은가? 그 존재가 '나'가 아니고 누구일 수 있겠는가? 여전히 나는 나를 놓지 않는다. 우리는 그것을 '마지막 나'라고 부를 수 있다. 그 마지막 나는 예전에도 결국 타버리지 않았다. 마찬가지로 지금도 마지막 나는 결코 버려지지 않는다. 그것이 버려진다면, 폐허만이 남을 것이고, 그 잔해들도 쌔앵쌩 부는 바람에 흩어져 사라질 것이다. 시도 제 물질성을 흉하게 펄럭이며 날아갈 것이다. 여전히 사각의 틀 안에 시를 조립해 끼워넣는 존재가 있다면, 그것은 '나'일 수밖에 없다. 황인숙의 시에서는 지금까지 오직 '나'만이 시를 써왔으니 말이다.

나의 내버림은, 그러니까 실은, 그 마지막 나로 시인이, 의도하든 그러지 않았든, 돌아간다는 것을 가리키는 것이 아닐까? 과연 시인은 그것을 뚜렷이 자각하고 있는 것으로 보인다.

> 모두가 허망이니
> 아무것도 남기려 하지 말자꾸나

라고 말하는 시의 제목은 「그러면 무엇이 허망을 전해줄까?」이다. 허망의 극단에서 시인은 발뒤꿈치를 돌린다. 허망을 전할 자를 남겨야 한다는 것을 안 것이다. 물론 그가 발뒤꿈치를 돌린다고 해서 다시 앞으로 나갈 수는 없다. 더 이상 바깥은 열린 공간이 아니며, 더 이상 그의 새파란 공기통에는 공기가 남아 있지 않기 때문이다. 그 자리에, 그렇게 붙박일 수밖에 없다.

그리고 무엇을 할 것인가? 아직도 몸은 옛 운동을 기억한다. 기억하지 못해도 그것에 대한 설움은 남는다.

> 하지만 평생의 기억은 사라졌지만
> 설움은 남으셨을 할머니
> 생각도 없이 눈물이 흐르고
> 그러면 멈추지 않으실 할머니   ——「비」

그러니, 무슨 일이든 할밖에 없다. 그것은 우선 두 가지 직접적인 반응으로 나타난다. 하나는 옛날과 같이 혈기방장하게 뛰어보는 것.

> 억울함을 딛고 비참을 딛고
> 생이 몰아치는 공포를 딛고
> 딛고, 딛고!
>
> 오, 추락하는 꿈으로도
> 오, 따분한 꿈으로도
> 오, 처량한 꿈으로도
> 비비틀리는, 푸드덕거리는
> 몸은 작열한다!　　──「삶의 시간을 길게 하는 슬픔」

몸은 추락하고 따분하고 처량하지만 그 의지는 가히 청춘을 방불케 한다. 그 의지가 몸을 비비틀고 푸드덕거리게 한다. 작열케 한다. 그러나, 시인은 이미 그게 절망적임을 깨닫는다.

> 그 누가 알리
> 태양이 굶주린 거머리처럼
> 내 전신을 빨고
> 이 많은 행인들 속에서
> 나, 감쪽같이 환락에 떫을　　──「태양의 유혹」

예전의 비약이 자유로웠던 것은 그 양태와 방향과 대상이 부재했던 때문이다. 새는 하늘을 자유롭게 풀어놓았던 것이다. 하늘은 비상하는 새를 타고 제멋대로 변할 수 있었다. 그러나, 지금은 내가 하늘을 풀어놓기는커녕, 태양이 나를 빨아들인다. 내가 태양에 이끌려 "꺼져라, 소멸의 시간이여" 외치면, "이제 다시 지구는/나를 중심으로 돌고/태양이 덩굴손을 뻗어/내 피 속에 담그고/미친 듯 장미꽃을 토하게 한다." 그러나, 보라, 그것은 더 이상 "나만의" 그 환락이 아니다. 그 절정에서 문득 "이 무슨 야릇한 냄새람/나, 기진한 흰 동공을 돌려/향내나는 혼음의 거리를 본다." 모두가, 그 환락의 환각 속에 사로잡혀 있는 것이다. 옛날의 개성은 현대의 상투성으로, 어제의 열림은 오늘의 감옥으로 돌변했던 것이다. 이 어찌할 길 없는 갇힌 자의 의식, 아니 자유를 향한 투기조차 조작되고 있음을 느끼니 갇힐 수밖에 없는 자의 의식, "비틀어진 탯줄인 전화선"(「어느 개인 가을날」)을 쥐어뜯는 자의 의식은 참담할 수밖에 없다. 다른 길은 없는가? 있다면, 갇힌 자의 공간을 갇힌 그대로 삶의 장소로 만드는 것이다.

용접 불꽃처럼 산성비, 뺨을 뚫는 길바닥도
잠시 머물면 체온이 고인다고
마음 한끝이 중얼거린다.　　　──「하, 추억치고는!」

희미한 옛사랑의 노래
기운을 북돋는 노래
돌아가며 부르고 입을 모아 부르고.
여름밤이었다.　　　──「서글프고 피로한」

그게 축적의 장소이든, 위안의 장소이든, 도피의 장소이든, 바깥 세상의 침범으로부터 보호되는 장소로 만드는 것. 감옥은 그때 은신처가 될 것이다. 그러나, 그 또한 불가능한 일임을 시인은 안다: "하지만 여름밤이었다./밤은 금방 조그매졌"(「서글프고 피로한」)던 것이다. 또는

> 우리 중 한 사람은 갈 곳이 없고
> 우리의 스커트는 너무 좁았다.　──「서글프고 피로한」

시인이 '우리'를 인식하게 된 것은 이 시집이 처음이리라. 그것은 중요한 계기를 이룬다. 시인은 '나'의 감옥 속에 갇힘으로써 처음으로 관찰이라는 이름의 운동을 할 수 있었던 것이다. 그는 주위를 둘러보고 그것을 측정하게 된다. 분별과 가름이 시작된다. 그러나, 그렇게 해서 찾은 우리를 받아들이기에 '나'의 감옥은 너무 좁을 수밖에 없다. 우리의 자리는 우리 사이에 있지, 내 치마 품에 있지 않기 때문이다. 그 때문에 내 마음의 작은 공간에 만족하려는 마음은 곧바로 격발하고야 만다. "나는 그 뾰족한 끝으로/차라리 심장을 후벼파고/뻗어버리고 싶"(「사랑의 구개」)어지는 것이다.

시인이 회귀한 마지막 나의 자리는, 그러니까, 치명적인 자기 부정의 자리이다. 그 자기 부정은, 마지막 나마저도 바깥 세상에 훼손되어 있다는 의미에서의 그것이 아니라, 그것이 그 자체로서 두 갈래로 갈라졌다는

의미에서의 자기 부정을 말한다. '나'의 뻗침은 바깥의 태양에 빨아먹히고, 나의 거둠은 어떤 의미 공간도 만들어내지 못한다. 그의 시의 핵 단위가 주어와 동사로만 이루어져 있다면, 이제는 그 주어와 동사마저 각자 찢겨져버린 것이다. 정말, 시인은 이제 "휘파람을 불 수 없"게 되었다. 그 어느 것도, 나의 존재든, 나의 활동이든, 더 이상 나의 생산 기제가 될 수 없다.

그러나, 마지막 나로서 마지막 나의 상처를 인식한다는 것은 무엇인가? 그것은 이제 내가 나의 내면을 응시할 수 있게 되었다는 것을 뜻하지 않는가? 바로 앞에서 보았듯, 외부의 세계를 관찰할 수 있게 되었던 것처럼, 이제는 내면을 응시하게 된 것이다. 내면을 응시하자, 예전엔 오직 활동을 위한 실체, "창문을 갖지 않는 단자"(라이프니츠)였던 그것이 복잡하고 섬세한 무대들의 복합체로 다시 나타난다.

그런데, 왜 나는 구조 혹은 성분이라고 하지 않고 '무대들'이라고 적고 말았을까? 찢겨버린 '나'가 응시하는 '나'는 결코 나의 기하학도, 나의 디테일도 아니기 때문이다. 찢긴 존재는 그런 능력을 가질 수가 없다. 그게 할 수 있는 일이 있다면, 그 찢김의 사실들을 체현하는 것이다. 그가 응시를 한다면, 그 응시는 객관적이고 명철한 의식의 응시가 아니라, 응시 속에 응시가 비추어져서 복제와 분열을 되풀이하는 그런 응시, 그러니까, 응시하는 응시됨이고 응시되는 응시함일 수밖에 없다. 우리가 흔히 꿈이라 부르는 혼돈 속의 명상이 그 자리에서 시작하는 것이며, 그 혼돈 속의 명상은 무수히 이질적인 무대들을 펼쳐보이는 것이다. 그 점에서 '서시'는 무척 의미심장하다. 시인은 이제부터 꿈 이야기를 하겠다고 공시하고 있는 것이다. "이지러진/잠결의 낙서/모든 것의 바로 그것인/그림자."(「서쪽 창에 의자를 놓고」)에 대해서 말하겠다고 하는 것이다. 그 서시의 약속에 호응할 줄 아는 독자는 이번 시집의 모든 시편들을 꿈 이야기로 읽을 채비를 해야만 하는 것이다.

꿈 이야기란 무엇인가? 서시의 그 약속과 "꿈을 그대로 옮기려고 했"(「심연이 있는 눈」)다는 시인의 자술을 우리가 문자 그대로 받아들인다 해도, 우리가 꿈에서 전혀 새로운 세상을 기대할 수는 없다. 꿈은 억압된 욕망이 자유롭게 제 모습을 드러내는 자리가 아니라, 교묘한 왜곡과 변주를 오래도록 펼치는 자리이다. 흔히 오해되고 있는 프로이트의 말을 실제로 빌리자면, 꿈은 '드러나는' 것이 아니라 '작업하는' 것이다. 꿈은 현실과 욕망의 지칠 줄 모르는 상호 침투의 무대라서,

> 나비는 날개에 내 지문을 묻히고
> 화들짝 날아간다
> 내 손끝에는
> 반짝거리는 하얀 가루가 묻어 있다. ——「나비」

는 시구를 번안하자면, 꿈속에서 욕망은 현실의 지문을 묻히고 있고, 현실에는 욕망의 필로폰이 묻어 있다. 그러니,

> 너의 그림자가 어룽댄다.
> 세상이 너의 어룽 너머로 보〔……〕   ——「봄이 쐬다」

이는 것이다. 세상은, 그게 이 세상이든 꿈 세상이든, 결코 선명하게 드러나지 않고, 그림자의 어룽댐, 다시 말해, 상대 세상의 불투명한 판을 투과한다. 그 투과가 실현되는 자리는 대책 없는 현실과 불가해한 욕망 사이의 교접과 싸움의 무대이며, 그 싸움은 욕망과 현실이 뒤섞여서 기이하게 일그러진 풍경을 전개한다. 보라,

> 도시의 불룩한 유방인
> 빌딩과 빌딩 사이로
> 개울이 흐른다.   ——「!비!!!」

의 희한한 이미지의 비틀림을. 빌딩의 첨예성과 유방의 불룩함이 하나로 포개지는 데서 오는 그 착란을. 그 착란이 눈병을 일으켜 눈물이 추저분한 개울을 이루는 것을. 인간/도시가 더 이상 대립적이지 않고, 인간처럼 상처입은 채로 버려진 도시와 도시에 빨려들어 더 이상, 둥그런(포근한, 베푸는) 젖이 아니라, 불룩한(선정적인, 빨릴) 유방을 드러내는 인간이 서로 닮아가는 그 광경을. 또한, 보라, 시인의 꿈속에서 좌절된 욕망과 세상의 공포가 어떻게 동시에 살아나고 있는가를.

> 길바닥에 떨어진
> 나무의 오므린 손바닥에

가을비 내린다.
손바닥 가득
이지러진 눈, 동자처럼
풍경이 떠다닌다.   ——「가을비 내린다」

"나무의 오므린 손바닥"이 나뭇잎의 비유임은 "길바닥에 떨어진"이라는 시구로 금세 알 수 있다. 나뭇잎을 나무의 손바닥으로 치환하는 그 제유의 작업은, 그러나, 단순한 재치의 소산이 아니다. 그 치환 속에는 앞에서 분석한 시인의 '나 거둠'의 소망이 투영되고 있으며, 동시에 그것이 길바닥에 추락해 좌절된 내력이 투사되고 있다. 그리고 가을비 내린다. 그 가을비는 일차적으로 소망의 좌절이 마음 안으로 이동하면서 내리는 우울이다. 그러나, 그 우울이 나뭇잎에 가득 고이자, 기이한 광경이 펼쳐진다. 우선, "손바닥 가득" 가을비가 고인다는 것은 그 나뭇잎의 가운데가 우묵하게 들어가 빗물 받을 자리를 가지고 있다는 것을 뜻한다. 그 소망은 좌절했지만, 여전히, '나 거둠'에 대한 소망의 흔적은 사라지지 않았던 것이다. 그 흔적 위로 빗물이 고이니까, 흔적은 문득 저의 퇴색함을 벗고 이지러진 눈을 치뜬다. '나'를 빨아먹는 세상의 공포에 짓눌린 채로 뚫어지게 바라보는 그 눈을. 그리고 세상의 공포에 짓눌려 허옇게 뒤집어진 동자를. 그 "눈, 동자" 속에서 세상은 더욱 기승하고, 내 소망은 더욱 몸을 비튼다.

시인이 운명적으로 찢긴 나의 자리에서 펼쳐보이는 꿈이란, 따라서, 바지를 걷고 상처를 내보이면서 우는 꿈이 아니라, 나의 상처가 영원히 끝나지 않을 싸움을 바깥 세상과/상처 그 자신과 싸우는 꿈이다. 그러니, 그 꿈 이야기가 어떤 객관적인 묘사나 주관적인 진술보다도 더 독한 드라마를 독자에게 제공한다고 말하지 않을 수 있을까?

그 드라마가 가장 독해진 지점에「모든 꿈은 성적이다」에서 기술된 이 빠진 고목 밑둥——한쪽 눈이 옹이 박힌 사슴——푸드덕거리며 날아가는 올빼미——다시, 달아나는 사슴으로 이어지는 기괴한 변신의 꿈이 있다. 나는 그것을 당장 분석해보고 싶지만, 시간의 빗장에 걸려 그만 넘어지고야 만다. 언젠가 고요히 들뜬 음미의 시간이 열릴 때가 다시 오리니, 그날이 오면, 나는 바깥 세상에 대한 분별이 시작되었음을 알리는 의미심장한 시구.

> 땅 가까이는 말하자면
> 바다의 수면이다.
> 세간살이의 잔해가 파도에 휩쓸린다.
> 그보다 높이, 새의 높이쯤에서
> 바람은 저희들끼리 불어가며
> 저의 순수함을 즐기고 있다.
> 그리고 구름 너머 까마득한 높이에
> 깊은 바람이 고여 있는 것이다.
> 그곳에는 지느러미도 눈도 없이
> 해와 달과 별들이 떠다닌다 ——「부푼 돛」

를 포함하고 있는 「부푼 돛」과 교차시켜 재미난 분석의 직물을 짜보고 싶다. 그때가 오기 전에 독자여, 당신이 서둘러 나의 이 유혹을 앞지르시는 게 어떤가?

나중은 어찌 됐든, 더딘 내 손을 채근하는 내 마음의 초조에 떠밀려 시 밖으로 퉁겨나가면서, 나는 그래도 손을 뻗쳐 한마디 내지르며 세상 저 속으로 멀어져간다. 여기까지 오는데, 그 무슨 마음 고생이 있었으랴, 그러나 시인이여, 그게 억울해서라도 오래 그 자리에 머무시라. 기필코 그 처참한 곳에서 투쟁하시라. 그대의 생기와 세상의 공포로 세상의 유혹과 그대의 우울을 찢으시라, 피칠을 하고 범벅을 이기시라. 그 꿈속이 현실보다 더 현실다울 것이니.